Oliver Ratajczak

Praxis-Tipps
SOCIAL INTRANET 2.0

Optimierung von
Projektmanagement, Zusammenarbeit,
Wissensmanagement & Motivation
mit Unternehmens-Wikis
am Beispiel von
Atlassian Confluence®

Alle Informationen und Angaben in diesem Buch wurden mit größter Sorgfalt erarbeitet. Es kann jedoch keine Garantie für die Richtigkeit der Informationen gegeben werden. Der Autor übernimmt keine Haftung für möglicherweise verbliebene fehlerhafte Angaben und ihre Folgen.

Bibliografische Information der Deutschen Nationalbibliothek:
Die Deutsche Nationalbibliothek verzeichnet diese Publikation in der Deutschen Nationalbibliografie; detaillierte bibliografische Daten sind im Internet über www.dnb.de abrufbar.

Bildnachweis:
Seite 72

Umschlaggestaltung:
Agentur rundum GWK, Bochum

Lektorat:
Katja Wolf, Lüneburg

Herstellung und Verlag:
BoD – Books on Demand, Norderstedt

ISBN 978-3-8391-3170-1

Viel Spaß beim Lesen und vor allem
viel Erfolg beim Umsetzen der Praxis-Tipps... :-)

Inhaltsverzeichnis

Kapitel 1

Einleitung

Es freut mich sehr, dass Sie jetzt dieses Buch lesen. Es handelt von modernen Intranet-Systemen, die inzwischen häufig auf Basis von Unternehmens-Wikis umgesetzt werden. Sie werden aufgrund ihrer Möglichkeiten zur aktiven Mitgestaltung oft auch als Social Intranet, Intranet 2.0 oder auch Social Internet 2.0 bezeichnet. Als Berater zur Verbesserung von Kommunikationsprozessen im Allgemeinen und von Kundenprozessen im Speziellen, habe ich in den letzten 16 Jahren die Intranets der unterschiedlichsten Unternehmen kennengelernt - von Mittelständlern bis hin zu DAX-notierten globalen Konzernen. Dabei konnte ich die Umsetzungen in diverse Intranet-Systeme aus den verschiedensten Blickwinkeln kennenlernen, die ich im Folgenden kurz anreiße:

- **Blickwinkel der Unternehmensführung**: Die Botschaften der Unternehmensführung sollen möglichst einfach über alle Hierarchieebenen an die Mitarbeiter kommunizieren werden.
- **Blickwinkel der Konzernmitarbeiter**: Mitarbeiter, welche nicht am Standort der Zentrale arbeiten und sich gelegentlich über die "Botschaften" der Zentrale im Intranet informieren möchten.
- **Blickwinkel des "normalen" Mitarbeiters**: Mitarbeiter haben häufig kaum Zeit, um sich mit wirklich allen Inhalten des Intranets zu beschäftigen. Diese möchten verständlicherweise möglichst unkompliziert dort hinterlegte, für die tägliche Arbeit benötigte Informationen abrufen, um schnell weiterarbeiten zu können.

Wie Sie leicht erkennen können, müssen die Ziele dieser Benutzergruppen bei der Verwendung von Intranet-Systemen nicht unbedingt vollkommen identisch sein. Wenn Sie also ein Social Intranet 2.0 einführen oder Ihr Bestehendes modernisieren möchten, so ist es ratsam stets die Interessen aller Beteiligten zu kennen und zu berücksichtigen...

Machen Sie sich also Gedanken, wie Sie jeder Benutzergruppe spezielle Vorteile durch die aktive Nutzung Ihres Intranets bieten können, wie z.B. diese:

- **Stellen Sie sicher, dass die Botschaften der Geschäftsleitung gerne gelesen und verstanden werden,** z.B. in dem Sie spielerische Elemente verwenden und die offene Kommunikation nicht nur zulassen, sondern auch aktiv fördern

- **Erleichtern Sie die tägliche Arbeit der Mitarbeiter,** z.B. durch das schnelle Auffinden von benötigten Informationen

- **Schaffen Sie Verbindungen zwischen Ihren Mitarbeitern**, da diese durch virtuelle Teams und standortübergreifende Zusammenarbeit[1] leider viel zu oft verloren gehen

Ein Social Intranet auf Basis eines Unternehems-Wikis bietet viel Potential zur Verbesserung der unternehmensinternen Miteinander-Kommunikation und der Zusammenarbeit. Welche positiven Effekte hierdurch hervorgerufen werden und wie sich diese Verbesserungen sogar auf die Erhöhung der Kundenbindung auswirken kann, habe ich in meinem Buch "*FLURFUNK 3.0 - Ihr Erfolgsgeheimnis dauerhafter Kundenbindung*" (ISBN 978-3-7386-3988-9) erläutert.

Wahrscheinlich liegt in Ihrem Unternehmen eine der folgenden Situationen vor:

- Ihr Unternehmen verwendet noch kein Intranet
- Ihr Unternehmen verwendet noch kein Social Intranet 2.0 und ihre Mitarbeiter arbeiten häufig über den Austausch von Dateien auf Laufwerken oder per E-Mail miteinander
- Ihr Unternehmen verfügt über ein Intranet, in welchem die Unternehmensführung hauptsächlich ihre Botschaften an die Mitarbeiter kommuniziert
- Sie setzen in Ihrem Unternehmen ein Intranet ein, welches aber nicht besonders stark genutzt wird...

Ich gehe davon aus, dass Sie die Nutzung Ihres bestehenden Intranets verbessern möchten, oder Sie ein modernes Social Intranet 2.0 auf Basis eines Unternehmens-Wikis einführen möchten, um die Effekte zur Verbesserung der Miteinander-Kommunikation und Zusammenarbeit zu nutzen. In beiden Fällen kann Sie dieses Buch dabei mit zahlreichen Praxis-Tipps unterstützen.

Als Projektleiter hatte ich unter anderem bei einem internationalen Konzern die Gelegenheit ein Social Intranet 2.0 auf Basis von Atlassian Confluence® einzuführen. Dabei wurde ein zentrales System geschaffen, welches Tausenden Mitarbeitern den täglichen Informationsaustausch und die Zusammenarbeit deutlich erleichtert hat. Unabhängig vom jeweiligen Arbeitsort der Mitarbeiter, welche zum Teil auf verschiedenen Kontinenten leben... und das sogar ohne gemeinsame Dateilaufwerke und ohne das ständige Versenden von Dateien per E-Mail.

Als Krönung dieses Projekts wurde das so aufgebaute Social Intranet mit dem IntraNET Award 2016 ausgezeichnet, was mich wirklich sehr stolz macht!

Die Praxis-Tipps, die sich während der Projektphase, im Rahmen der täglichen Nutzung und des kontinuierlichen Ausbaus herauskristallisiert haben, gebe ich Ihnen in den folgenden Kapiteln gerne weiter.

Ich wünsche Ihnen viel Spaß beim Lesen und vor allem auch beim Umsetzen der Praxis-Tipps und würde mich freuen, wenn

Sie Ihre Erfahrungen mit mir teilen. Gerne erreichen Sie mich hierzu über meine Webseite: www.Ihre-Kundenbrille.de oder per E-Mail unter Ich-bin@Ihre-Kundenbrille.de

Bis dahin wünsche ich Ihnen ganz viel Erfolg mit Ihrem Social Intranet 2.0 und verbleibe mit herzlichen Grüßen aus dem Ruhrtal

Ihr
Dr. Oliver Ratajczak

Kapitel 2

Wertvolle Praxis-Tipps...

Die nachfolgenden Kapitel geben einen Überblick über zahlreiche Praxis-Tipps, die Ihnen im täglichen Umgang mit Ihrem Intranet auf Basis eines Unternehmens-Wikis helfen können. Wo es sich anbietet, erläutere ich diese Tipps mit Beispielen von Atlassian Confluence. Ein Großteil der genannten Tipps sind selbstverständlich auch mit anderen Wiki-Lösungen umsetzbar.

Ich wünsche Ihnen viel Erfolg und Spaß bei der Umsetzung der folgenden Praxis-Tipps...

- ... zur Zentralisierung des Wissensmanagements.
- ... zur Verbesserung der Zusammenarbeit.
- ... zur Effizienzsteigerung im Projektmanagement.
- ..., die einfach motivieren.

2.1 ... zur Zentralisierung des Wissensmanagements

Gerade im Vergleich mit wikipedia.de wird schnell klar, wie ein Unternehmens-Wiki das Sammeln und Zentralisieren von Wissen ermöglichen und unterstützen kann. Setzen Sie Ihr Unternehmens-Wiki ein, um dort das Wissen Ihres Unternehmens zu bündeln und diese Sammlung ständig weiterzuentwickeln.

Wie bekommt man denn hier Ordnung hinein?

Confluence bietet trotz einer sehr einfachen Grundstruktur die Möglichkeit einen Großteil des in einem Unternehmen täglich genutzten Wissens strukturiert und vor allem wiederfindbar abzulegen.

Wie in der folgenden Skizze gezeigt, ist die hierarchische Grundstruktur der Informationen in Confluence sehr einfach aufgebaut:

1) **Das Dashboard:** die Startseite des Unternehmens-Wikis
2) **Die Räume:** abgeschlossene Bereiche innerhalb von Confluence, in denen die Berechtigungen sehr granular gesteuert werden können; Räume lassen sich nicht verschachteln
3) **Die Startseite eines Raumes:** beschreibt meistens die in diesem Raum[3] beinhalteten Informationen näher und führt eventuell Zuständigkeiten und neueste raumspezifische Nachrichten auf
4) **Die untergeordneten Seiten:** alle Informationen werden in Confluence auf Seiten vorgehalten; diese Seiten können hierarchisch beliebig tief verschachtelt werden

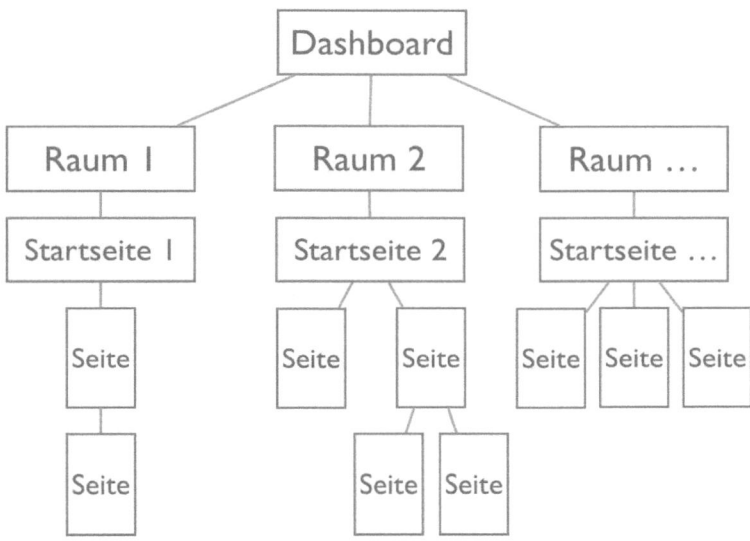

Die einzelnen Seiten können unterschiedlich gestaltet sein und die verschiedensten Informationen enthalten. Hier nur einige Beispielinhalte:

- eine Unternehmensvorschrift
- die Agenda eines Termins
- ein Protokoll eines Meetings
- ein Konzept
- eine Nachricht aus der Geschäftsleitung an die Mitarbeiter in Form eines Blogbeitrags
- die Planung einer Mitarbeiterveranstaltung

Wenn die Inhalte einer Seite zu groß werden, um dort übersichtlich eingesehen und bearbeitet zu werden, so können Sie jederzeit eine weitere untergeordnete Seite anlegen, die zugehörige Inhalte aufnimmt.

Tipp: Meine ausdrückliche Empfehlung zur Steuerung von Zugriffsrechten ist diese bei Confluence auf Raumebene zu pflegen. Es ist auch möglich die innerhalb eines Raumes abgelegten Seiten auf Seitenniveau mit Zugriffsrechten zu versehen. Die langfristige Pflege von Zugriffsrechten auf voneinander abhängigen Seiten erweist sich aber als sehr aufwändig und leicht unübersichtlich.

Nachdem im Wiki eine gewisse Grundstruktur angelegt wurde, müssen die dort vorbereiteten Seiten nur noch mit Inhalten gefüllt werden. Hier trifft man in der Praxis oft auf Bedenken, wie die folgenden:

Warum sollte ich denn mein Wissen preisgeben?

Diese Frage höre ich im Rahmen der Einrichtung eines Wikis sehr oft. In vielen Firmen bedeutete lange Jahre sogenanntes Herrschaftswissen eine Art Jobgarantie. Wenn es einem Mitarbeiter gelang sein Wissen über einen wichtigen Prozessschritt möglichst für sich zu behalten, war er praktisch unkündbar.

Diese Einstellung ist auch heute noch gelegentlich zu finden. Immer häufiger treffe ich aber auf Mitarbeiter aus den verschiedensten Hierarchiestufen, die mir sagen:

"Ich verbringe so viel Lebenszeit bei der Arbeit, dass ich hier auch Spaß haben will. Ich möchte nicht nur ein kleines Zahnrad

im Getriebe des Unternehmens sein, sondern ich möchte an tollen Produkten, Projekten, Konzepten und Ideen mit netten Kolleginnen und Kollegen zusammenarbeiten."

Typische Zusammenarbeit beinhaltet zwangsläufig auch das Preisgeben von eigenem Wissen. Wenn dies auf Gegenseitigkeit beruht, kann ein Austausch zu ganz neuen Perspektiven führen. So entstehen möglicherweise neue Geschäftsideen, Produkte, Dienstleistungen und Serviceideen, die dem Arbeitgeber zugutekommen und somit auch langfristig eine Art Arbeitsplatzgarantie darstellen können.

Kleiner Motivationstipp: Wer eine Idee zuerst veröffentlicht, ist und bleibt der Autor (Entdecker) dieser Idee... für alle sichtbar.

Denken Sie z.B. an wikipedia.de. Wie oft haben Sie hier bereits eine Antwort auf Ihre Fragen gefunden? Wie groß wäre diese unglaubliche Wissenssammlung, wenn jeder Autor sein Wissen lieber für sich behalten hätte?

Ich pflege lieber mein Dokument auf dem Laufwerk!

Immer wieder höre ich, dass es doch viel einfacher sei ein größeres Dokument in der üblichen Textverarbeitung zu pflegen. So erklärte mir z.B. jemand in einem größeren Unternehmen, dass er keine Lust habe die von ihm gepflegte Vorschriftensammlung nun im Wiki neu zu erfassen. Sein Kompromissvorschlag war es eine Seite im Wiki anzulegen, auf der er zwei Sätze zum Inhalt des Dokuments schreibt und dann die Datei aus der Textverarbeitung an diese Seite anhängt.

Dieses Verhalten lässt sich damit erklären, dass es manchmal recht aufwändig ist Anhänge in Intranetsystemen der letzten Generation zu aktualisieren. Dies liegt meistens an Engpässen, da nur wenige Leute Inhalte einstellen und bearbeiten können. Im obigen Beispiel führte dies dazu, dass alle Änderungen für das Vorschriftendokument immer ca. ein halbes Jahr gesammelt wurden. Auf Basis aller Änderungen wurde dann ein neues Dokument erstellt, welches dann wieder im Intranet zur Verfügung gestellt wurde.

In Zeiten eines Wikis ist es sinnvoller jede Änderung direkt durchzuführen, so dass diese dann sofort allen Mitarbeitern zur Verfügung steht. Die einzige Hürde ist, dass der Inhalt des großen Dokuments aus der Textverarbeitung ins Wiki überführt werden muss.

Hierfür bietet Confluence eine sehr einfache Importfunktion ("Dokumentenimport" im Seitenmenü), die sogar die Aufteilung der Dokumenteninhalte nach Kapiteln in der Importdatei ermöglicht.

Worddokument importieren: Konfiguration

Startseitenname:	Konzept Projekt XYZ
Wohin importieren:	⦿ Als neue Seite in den aktuellen Bereich importieren
	○ Ersetzen Importdokument
	○ Bestehende untergeordnete Seiten von Importdokument löschen
Namenskonflikte:	⦿ Importierte Seiten sollten automatisch umbenannt werden, wenn ihre Namen mit bestehenden Seiten in Konflikt stehen
	○ Importierte Seiten werden zu neuen Versionen bestehender Seiten mit demselben Namen
	○ Bestehende Seiten mit demselben Namen wie importierte Seiten löschen
Nach Überschrift aufteilen:	Nicht aufteilen
Gliederung des Dokuments:	🗋 Konzept-Projekt-XYZ
	Importieren

Selbstverständlich gibt es auch eine Exportfunktion, die das Überführen von Wiki-Seiten in eine Textverarbeitung ermöglicht.

Seit dem Import des umfangreichen Regelwerks in das Unternehmens-Wiki in meinem Beispiel freut sich der Verantwortliche nun immer, dass neue Änderungen direkt nach dem Speichern allen Mitarbeitern zugänglich sind. Das halbjährliche Sammeln und gebündelte Veröffentlichen konnte somit wegfallen.

Seitenvorlagen sind einfach und praktisch!

Wenn Sie Informationen in Confluence ablegen möchten, so können Sie einfach durch Anklicken des Knopfes "Erstellen" eine Seite erstellen. Confluence bietet die unterschiedlichsten Seitenvorlagen zur Auswahl an.

Tipp: Der Confluence-Administrator kann die Standardvorlagen anpassen oder sogar neue hinzufügen:

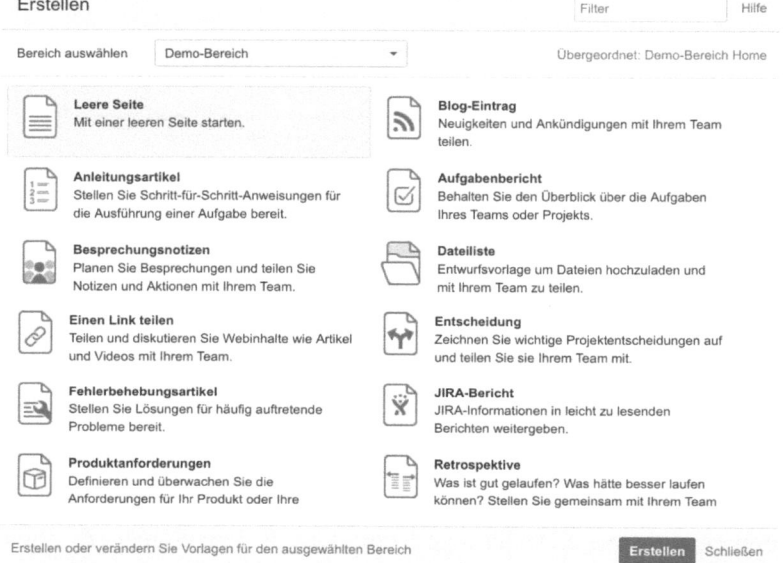

Top-Down-Kommunikation bleibt bestehen, aber...

Die aus klassischen Intranetinstallationen bekannte Top-Down-Kommunikation, die die Stimme der Geschäftsführung über die einzelnen Tochterunternehmen, Bereiche, Abteilungen und Teams bis hin zum Mitarbeiter transportiert, ist auch mit Hilfe eines Wikis abbildbar.

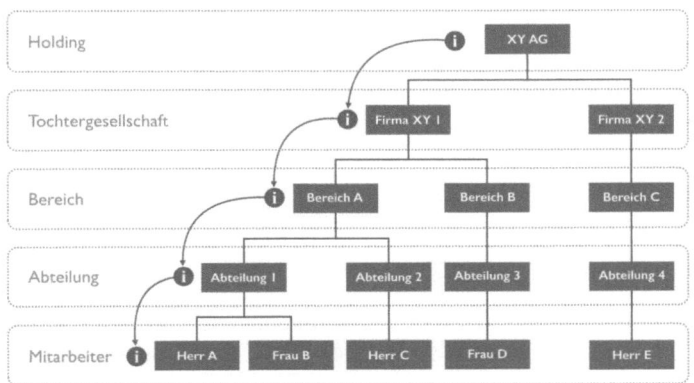

So kann z.B. ein Raum angelegt werden, in dem nur die Abteilung der Unternehmenskommunikation über Schreibrechte verfügt, jeder Mitarbeiter dort aber Nachrichten lesen und kommentieren kann. Der einzige Unterschied ist nun, dass durch Kommentare und Diskussionen z.B. auch zum neuesten Mitarbeiterrundschreiben des CEOs eine Bottom-Up- bzw. Miteinander-Kommunikation ermöglicht wird.

Diese Miteinander-Kommunikation zeichnet sich somit durch die folgenden Kriterien aus: Sie ist...

- gleichberechtigt
- hierarchieübergreifend
- abteilungsübergreifend
- (tochter)unternehmensübergreifend

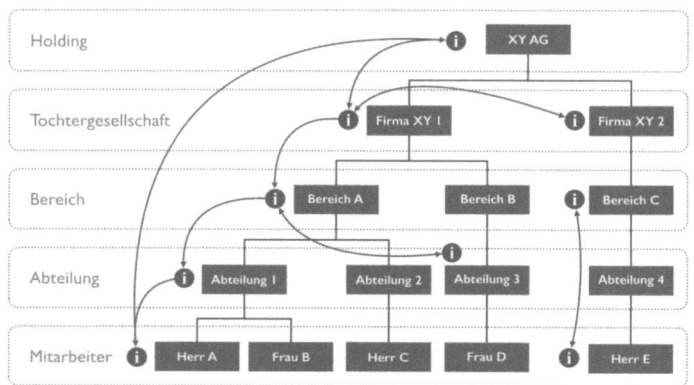

Seien Sie sich bewusst, dass die Einführung eines Unternehmens-Wikis deutliche Kommunikationsveränderungen herbeiführen kann. In der klassischen Top-Down-Kommunikation erfolgte eine Kommunikation von Hierarchiestufe zu Hierarchiestufe und schottete so Gedanken, Diskussionsbeiträge und Kommentare oft von anderen Unternehmensbereichen ab. In der typischen Miteinander-Kommunikation werden diese Schranken aufgehoben und ermöglichen auch einmal einen Kommentar eines Abteilungsleiters auf eine Veröffentlichung eines Mitarbeiters, der disziplinarisch einem anderen Abteilungsleiter unterstellt ist.

Sollten Sie über einen 180°-Schwenk von einer reinen Top-Down- zu einer kommunikations- und diskussionsstarken Miteinander-Kommunikation nachdenken, so seien Sie durch trainierte Diskussionsfähigkeit gut vorbereitet. Mit einer fehlenden Diskussionsbereitschaft würden Sie dem Nutzen eines Wikis zur Verbesserung der aktiven Kommunikation den Todesstoß versetzen.

Denken Sie im Vorfeld daran entsprechend geschulten Mitarbeitern zumindest teilweise hierfür Arbeitszeit einzuräumen.

Ein Bild sagt mehr als 1.000 Worte!

Häufig ist eine Skizze ein guter Weg, um eine Idee zu entwickeln, oder die Zusammenhänge für ein neues Konzept zu verdeutlichen. Bevor man diese oft schnell hingekritzelte Skizze herumzeigen und mit Kollegen besprechen kann, muss diese erst einmal "vorzeigbar" gemacht werden. Häufig fehlt dazu leider die Zeit, um die Skizze in einem Grafikprogramm nachzubauen.

Mal ehrlich, wie viele Skizzen liegen noch auf Ihrem Schreibtisch und warten auf das elektronische Erfassen, um diese mit den Kollegen zu besprechen? Wäre es nicht toll, wenn man ganz einfach in Ihrem Wiki Konzeptzeichnungen anlegen und direkt zur Diskussion stellen könnte?

Dies ist tatsächlich ganz einfach möglich. So bietet z.B. das Add-on "Draw.io for Confluence" aus dem Atlassian Marketplace[2] viele Funktionen, um ohne Softwareinstallation direkt im Browserfenster Zeichnungen anzufertigen, die von einfachen Organigrammen bis hin zu Mock-Ups für eine neue Smartphone-App reichen. Ebenso sind Wireframes für die Webentwicklung oder schnelle Mindmaps zur Dokumentation eines Workshops möglich.

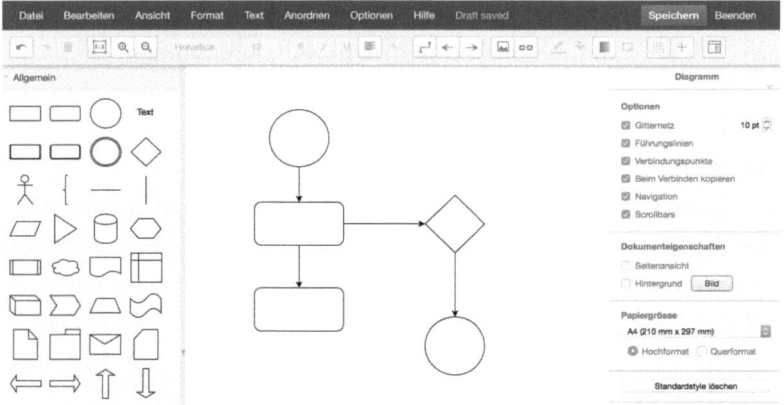

Am besten zeichnen Sie Ihre Gedanken ab jetzt direkt im Wiki, so dass diese Skizze unmittelbar nach dem Erstellen zur weiteren Diskussion und Verfeinerung durch Kollegen und Projektmitglieder bereitsteht.

2.2 ... zur Verbesserung der Zusammenarbeit

Ein Unternehmens-Wiki ist ein Werkzeug zur Stärkung des Flurfunks, da es durch enorme Transparenz und jederzeitige einfache Auffindbarkeit von Informationen sehr deutlich zur Verbesserung der abteilungsübergreifenden Zusammenarbeit beitragen kann.

Herzlich Willkommen, Herr Schulze!

Erinnern Sie sich noch an Ihren ersten Tag in Ihrem heutigen Unternehmen? Wie lief dieser ab? War Ihr Schreibtisch schon aufgebaut? Enthielt er bereits neben den Papieren und dem

Schlüssel Ihres neuen Firmenwagens auch gleich die Nummer Ihres Firmenparkplatzes? War Ihr vorläufiger Firmenausweis bereits fertig gestellt? Waren Zugangsdaten zum Firmennetzwerk bereits angelegt und standen für den ersten Log-in in das Intranet zur Verfügung? Lagen die Kontaktdaten Ihres persönlichen Mentors bereits als E-Mail in Ihrem frisch eingerichteten Postfach? Haben Sie im Intranet sofort Antworten auf Ihre wichtigsten Fragen gefunden?

Wenn Sie alle oben stehenden Fragen mit "ja" beantwortet haben, dann beglückwünsche ich Sie... auch wenn mich das Gefühl beschleicht, dass Sie an der einen oder anderen Stelle geflunkert haben. Oder hat Ihr Unternehmen bereits ein Social Intranet auf Wiki-Basis? ;-)

In den meisten Fällen haben Mitarbeiter an ihrem ersten Arbeitstag einen ganzen Berg an Fragen und noch einen größeren undefinierbaren Vorrat an Fragezeichen, die verhindern überhaupt entsprechende Fragen zu formulieren.

Erinnern Sie sich noch an Ihr erstes Meeting im Kreise der zukünftigen Kollegen? Wahrscheinlich haben Sie dank vieler abteilungs- und unternehmensspezifischer Fragen nur ansatzweise erahnen können, worüber gesprochen wurde. Gab es ein Glossar im Intranet, das Sie in die Geheimnisse der unternehmenseigenen Sprache einführte?

Nicht nur für neue Mitarbeiter ist es eine tolle Erfahrung im Unternehmens-Wiki einen virtuellen Raum zu finden, der viele der häufig gestellten Fragen direkt beantwortet. Versehen Sie die einzelnen Seiten mit Stichworten und richten Sie im Raum verschiedene Suchmöglichkeiten ein:

- eine Suchmöglichkeit, die nur auf diesen Raum beschränkt ist
- ein alphabetisches Stichwortverzeichnis
- eine logische Struktur, welche Antworten themenspezifisch anordnet

Regen Sie Ihre Mitarbeiter dazu an dort auch mal eine Frage zu hinterlassen, wenn es zu diesem Thema noch keine Seite gibt. Sicherlich wird sich schnell eine Kollegin oder ein Kollege finden, die oder der die passende Antwort ergänzt.

Wer hat denn jetzt die aktuelle Version der Datei?

Kennen Sie das? Sie möchten mit ein paar Kollegen an einem gemeinsamen Konzept arbeiten. Häufig erstellt irgendjemand aus dem Projektteam eine erste Dokumentversion mit einer Kapitelstruktur und versendet diese per E-Mail zur weiteren Bearbeitung an einen Kollegen. Dieser führt Anpassungen durch, ergänzt das Dokument und sendet die neue Version per E-Mail zurück. Schematisch sieht das in etwas so aus:

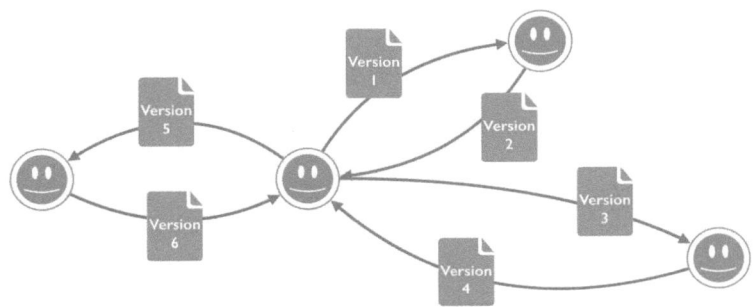

Dieses Spiel wiederholt sich so lange bis mindestens ein Projektmitglied eine der folgenden Fragen stellt:

- Herr Meier, können Sie mir bitte mal die aktuelle Version des Konzepts zusenden?
- War die Version, die ich bearbeitet habe, gar nicht die aktuellste?
- Wer hat denn gerade die aktuelle Version des Konzepts?
- Ich habe hier gerade drei verschiedene Versionen. Wer gleicht diese nun ab, erstellt eine aktuelle Version und sendet mir diese zu?

Ich würde gerne mal in Erfahrung bringen, wie viel Arbeitszeit heute pro Tag verschwendet wird, weil irgendjemand verschiedene Dokumentversionen abgleicht. Ich persönlich finde, dass man solch eine Aufgabe besser einer Maschine überlassen sollte.

Für jeden glücklichen Besitzer eines Unternehmens-Wikis gehört das zuvor dargestellte Szenario der Vergangenheit an.

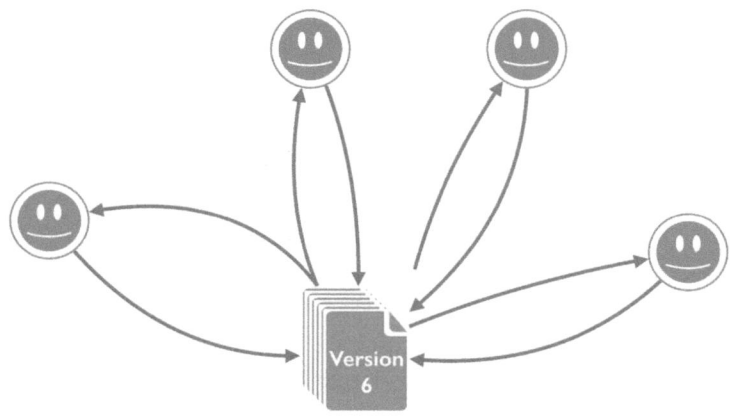

Möchten Sie mit Ihrem Projektteam gemeinsam ein Konzept aufsetzen, so erstellen Sie eine neue Seite in Ihrem Wiki und tragen dort Ihre ersten Gedanken ein. Nun können Sie Ihren Kollegen direkt den Link auf diese Seite zur Bearbeitung zusenden. Wenn nun jemand eine Änderung an dieser Seite vornimmt, so erstellt Confluence automatisch eine neue Version und verwaltet diese im Hintergrund.

Wenn ein Projektmitglied diese Seite ändern möchte, während gerade ein anderer Kollege eine Änderung durchführt, so weist Confluence direkt darauf hin.

Beenden Sie mit der Einführung eines Unternehmens-Wikis die ewige Suche nach der aktuellsten Dokumentversion.

Steigerung der Motivation - Das gefällt mir!

Was glauben Sie, welchen Motivationsschub ein einzelner Mitarbeiter erfährt, wenn ein von ihm erstelltes Konzept oder eine Idee zur Verbesserung eines Unternehmensprozesses persönlich vom CEO mit einem "Gefällt mir" oder einem kurzen persönlichen Kommentar versehen wird?

👍 Gefällt mir   Christoph E. Oskar **gefällt das.**

Unterschätzen Sie nicht die Wirkung der direkten Kommunikation, auch wenn diese nur durch Drücken des "Gefällt mir"-Knopfes geschieht.

Hallo Herr Meier, Sie fahren ja auch Rennrad...

In vielen Unternehmen sind es die Mitarbeiter gewohnt regelmäßig Nachrichten der Unternehmensführung zu erhalten. Häufig werden diese per E-Mail versendet oder im Intranet veröffentlicht. Eine weitere Möglichkeit ist z.B. das Aufsetzen eines Vorstandsblogs in dem die oberste Führungsmannschaft

*   sich mit persönlichen Nachrichten vorstellt
*   Neuigkeiten verkündet
*   den Mitarbeitern eine Frage zu strategischen Entscheidungen stellt
*   gelegentlich nach Verbesserungsvorschlägen fragt
*   usw.

Warum sollte aber so ein Blog nur der Unternehmensführung vorbehalten bleiben? Es gibt viele weitere Ansätze, wie so ein Blog zur Verbesserung der internen Kommunikation genutzt werden kann. Denkbar sind hier z.B. die folgenden:

- ein Blog, in dem sich alle neuen Mitarbeiter innerhalb der ersten 30 Tage persönlich vorstellen können
- ein Blog, in dem alle Auszubildenden über ihren Arbeitsalltag berichten
- ein Blog, in dem über mehrere Standorte verteilte Mitarbeiter eines virtuellen Teams über ihre Arbeit schreiben

Der Einsatzmöglichkeit von Blogs sind fast keine Grenzen gesetzt. Verstehen Sie so einen Blog eher als eine Art freiwilliges Informationsangebot. Nicht jeder muss alle neuen Nachrichten aus jedem Blog abonnieren. Es reicht vollkommen, wenn ein Mitarbeiter die Informationen bekommt, an denen er besonders interessiert ist. Ein gutes Beispiel ist hier der Blog aller neuen Mitarbeiter. Was glauben Sie, wie man sich als neuer Mitarbeiter willkommen fühlt, wenn man vor einem der ersten Meetings mit den Worten "Hallo Herr Meier, ich habe gelesen, dass Sie ja auch Rennrad fahren..." angesprochen wird.

Pflegen Sie eine offene Fehlerkultur!

Wenn es in Ihrem Unternehmen nicht "erlaubt" ist Fehler zu machen und jeder Fehler gleich Konsequenzen nach sich zieht, so wird die Wiki-Nutzung nur sehr eingeschränkt funktionieren. Viele Mitarbeiter handeln dann nach dem Motto "besser nicht auffallen" und kommentieren und editieren lieber nicht.

Leben Sie eine offene Kultur vor. Ganz nach dem Motto:
Ein Fehler kann passieren... aber am besten nur einmal.

Wer hat meine Kaffeetasse genommen?
Es gibt viele für die Arbeit irrelevante Dinge, für die heute in Unternehmen E-Mails an große Verteiler versendet werden:

- Frau Schulze kann ihre Lieblingskaffeetasse nicht mehr in der Kaffeeküche finden.
- Irgendjemand hat den Joghurt von Frau Wolf aus dem Abteilungskühlschrank entwendet.
- Auf der Königsallee auf der Höhe der Tankstelle in Richtung Innenstadt steht eine Radarfalle.
- Die Kantine schließt am kommenden Freitag bereits um 13:30 Uhr.

Dies sind nur einige Beispiele von E-Mails, die täglich an riesige Verteiler versendet werden. Besonders schön wird es dann, wenn sich Empfänger der E-Mail per "Antworten an alle" beschweren, dass Sie kein Interesse an der enthaltenen Information haben. Dies führt dann gelegentlich zu sich erstaunlich schnell füllenden Postfächern.

Das muss nicht sein, denn schließlich bekommen wir alle schon jeden Tag genug E-Mails, oder?

Die Einrichtung eines Micro-Blogs im Wiki (z.B. mit dem Add-on: "Microblogging for Confluence" aus dem Atlassian Marketplace) kann hier die Lösung sein. Sie können ganz einfach auf der Startseite des Wikis einen Microblog für Ihre Abteilung oder sogar für das ganze Unternehmen einrichten. So hat jeder die Möglichkeit kurze "Durchsagen" zu machen, ohne viele Postfächer zu füllen.

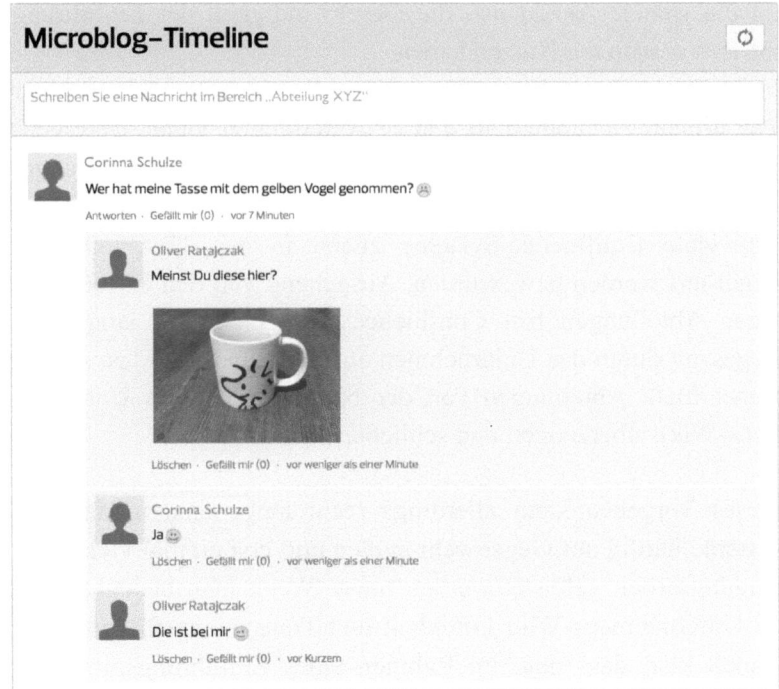

Erfolgsentscheidende Unterstützung "von oben"

Ein richtig eingesetztes Unternehmens-Wiki kann ein wirklich tolles Werkzeug zur Verbesserung des Flurfunks 3.0, also der Miteinander-Kommunikation und der Zusammenarbeit, sein.

Ich habe mich mit einigen Projektleitern unterhalten, die Confluence bei den unterschiedlichsten Unternehmen eingeführt haben. Hierbei hat sich ein entscheidender Erfolgsfaktor sehr deutlich herausgestellt. Die Art und Weise, wie ein Social Intranet im Unternehmen eingeführt wird, kann einen sehr großen Einfluss auf die spätere Akzeptanz, die Geschwindigkeit der Einführung und den gestifteten Nutzen haben.

Die Aufgabenverwaltung Jira®, die sich seit vielen Jahren einer sehr großen Beliebtheit in den IT-Abteilungen vieler Unternehmen erfreut, ist häufig der erste Kontaktpunkt zum Produktangebot des Herstellers Atlassian®. Deshalb wundert es auch nicht, dass viele Confluence-Systeme zuerst in den IT-Abteilungen eingeführt werden bzw. wurden. Ausgehend von den IT- oder IT-nahen Abteilungen tritt Confluence dann einen oft langsamen Siegeszug durch das Unternehmen an. Nach und nach lassen sich immer mehr Abteilungen von der Nützlichkeit eines Unternehmens-Wikis überzeugen und schließen sich an.

Dieses Vorgehen kann allerdings recht lange dauern, da neue Systeme häufig auf Gegenwehr stoßen und erst einmal viel Überzeugungsarbeit geleistet werden muss. Wenn man bedenkt, dass ein Unternehmens-Wiki Offenheit und Transparenz fördert, wird schnell klar, dass man im Rahmen eines Einführungsprozesses öfter auf Personen trifft, die sich in den letzten Jahren auf der Basis von reduzierter Offenheit und Intransparenz bequem eingerichtet haben.

Ich persönlich kann Ihnen deshalb nur dazu raten ein Unternehmens-Wiki immer beginnend mit der Unternehmensleitung einzuführen. Wenn die Geschäftsführung Offenheit und Transparenz vorlebt und ein Unternehmens-Wiki als ein Werkzeug zur Erledigung der täglichen Arbeit anbietet, so wird der täglich generierte Nutzen automatisch für die breite Verwendung sorgen.

Machen Sie bitte nicht den Fehler und analysieren Sie erst einmal alle im Unternehmen betriebenen Intranetsysteme, Wissensdatenbanken und Laufwerksinhalte, bevor Sie ein Unternehmens-Wiki einführen. Dieses Vorgehen kann einerseits sehr lange dauern und andererseits treffen Sie dabei oft auf Widerstände, da etablierte Systeme ungern aufgegeben werden.

Tipp: Gehen Sie genau andersherum vor. Führen Sie ein Unternehmens-Wiki für zentrale Bereiche, wie z.b. Geschäftsführung, Personal und Unternehmenskommunikation ein und versehen Sie es mit tollen Funktionalitäten, die den Mitarbeitern bei der Erledigung ihrer täglichen Arbeit helfen. Gehen Sie dann in einem zweiten Schritt an die Analyse der bestehenden Systeme und unterstützen Sie Ihre Mitarbeiter dabei ihr neues tägliches Arbeitswerkzeug Unternehmens-Wiki nach und nach mit weiteren Funktionen weiter auszubauen.

Reden bleibt ausdrücklich erlaubt!

Bei aller Begeisterung für Unternehmens-Wikis, die ich mit diesem Buch zu transportieren versuche, gibt es auch einen negativen Aspekt.

Ein Wiki verführt dazu einfach den ganzen Tag in seinem Büro sitzen zu bleiben und im Social Intranet alle möglichen Seiten zu kommentieren. Machen Sie sich bewusst, dass ein Wiki eine Möglichkeit zur Verbesserung der Kommunikation und Transparenz ist. Die persönliche 1-zu-1-Kommunikation sollte dadurch aber auf gar keinen Fall ersetzt werden.

Legen Sie doch z.B. in Ihrem Unternehmen eine Reihenfolge für ausgewählte Themen fest, in der bestimmte Kommunikationswege verwendet werden sollen. Zum Beispiel diese Reihenfolge:

1)   Telefon
2)   Chat
3)   Wiki (Microblog, Kommentar)
4)   Mail

Im nachfolgenden Kapitel finden Sie weitere Praxis-Tipps,...

2.3 ... zur Effizienzsteigerung im Projektmanagement

Neben normalen Linientätigkeiten sind heute viele Mitarbeiter in Projekten beschäftigt. Jede Effizienzsteigerung im Rahmen des Projektmanagements kann also einen sehr großen Hebel zu Verbesserung der Arbeitsbedingungen bedeuten.

Im Rahmen von diversen Projekten habe ich in Unternehmen die unterschiedlichsten Meetingkulturen kennenlernen können. Nicht in jedem Unternehmen war es üblich

*   im Vorfeld eines Meetings eine Agenda zu versenden
*   vorbereitet und pünktlich im Meeting zu erscheinen
*   Aufgaben mit Zieldatum zu vergeben
*   Entscheidungen zu protokollieren

Mit Confluence werden Sie im Rahmen der Projektarbeit bei all diesen Aufgaben unterstützt.

Terminabstimmung: unkompliziert und schnell!

Es ist keine Seltenheit, dass in Konzernen an unterschiedlichen Standorten unterschiedliche E-Mail- und Kalendersysteme eingesetzt werden. Eine standortübergreifende Terminabstimmung wird dann telefonisch schnell zu einer zeitraubenden Angelegenheit.

Viele Leute nutzen der Einfachheit halber im Internet frei verfügbare Dienste zur Terminabstimmung, wie z.B. http://doodle.com. Wer aber möchte seine firmeninternen Termine mit Hilfe extern betriebener Dienste abstimmen? Wer Diskussionen zu den Themen IT-Sicherheit, Wirtschaftsspionage und Datenschutz aufmerksam verfolgt, wird bestimmt für eine interne Lösung dankbar sein.

Diese Lösung ist im eigenen Unternehmens-Wiki beispielsweise mit dem Add-on "Multivote for Confluence" leicht umsetzbar.

> CSV Export Wähler–Spalte		
Termin	**Anzahl der Teilnehmer**	**ich bin verfügbar**
Mittwoch, 24. 06.2015	3	☐
Donnerstag, 25.06.2015	2	☐
Montag, 29.06.2015	4	☑
Dienstag, 30.06.2015	5	☐
Mittwoch, 01.07.2015	4	☑
Donnerstag, 02.07.2015	2	☐
Montag, 06.07.2015	4	☐
Dienstag, 07.07.2015	2	☑

Terminzusage: unkompliziert und transparent!

Wer den möglichen Aufwand einer standortübergreifenden Terminabstimmung kennt, wird auch für eine einfache Möglichkeit
zur "Verwaltung" von Terminzusagen dankbar sein.

Wenn Sie ein Projektmeeting organisieren möchten, so erstellen
Sie dazu doch einfach eine Seite in Ihrem Projektraum im Wiki.
Diese Seite sollte neben Ort und Zeit, den zu besprechenden
offenen Punkten und der Agenda auch ein Plugin zur Terminzusa-
ge enthalten. Beispielsweise können Sie hierzu das Add-on "Easy
Events RSVP" aus dem Atlassian Marketplace verwenden.

Nun versenden Sie den Link zu dieser Terminseite an alle potenti-
ellen Meetingteilnehmer. Jeder Empfänger kann auf Basis der
Agenda direkt entscheiden, ob er teilnehmen möchte. Um sich zur
Teilnahme anzumelden, reicht ein einfacher Klick auf den Knopf
"Anmelden". Das Plugin listet dann übersichtlich alle Zusagen
auf der Terminseite auf. Der Knopf "Zum Kalender hinzufügen"
ermöglicht den Export als ICS-Datei und somit das Eintragen des
Termins in den eigenen Kalender.

Teilnehmen?

Benutzernamen eingeben (optional)

| Anmelden | Abmelden | Zum Kalender hinzufügen |

Durch Eingabe eines Benutzernamens ist es z.B. auch für einen
Assistenten möglich einen Termin im Namen seines Vorgesetzten

zuzusagen.

Wer schreibt heute das Protokoll? Alle!

Früher fühlte ich mich in Meetings oft an meine Lateinstunden erinnert, die meist mit dem folgenden Satz begannen: "So, dann wollen wir mal wieder die Vokabelkenntnisse überprüfen. Mal sehen, wer nun nach vorne zum Vokabeltest kommt...". Panik in den Blicken. Hektisches Kramen im Federmäppchen zur Ablenkung (klappte übrigens nie). Todstellreflex, einfach mal wissend aussehen und lässig geradeaus gucken (klappte manchmal). Kennen Sie dieses Verhalten auch, wenn der Leiter des Meetings die undankbarste Aufgabe verteilen möchte - das Protokollschreiben?

Derjenige, den es "erwischt", muss im Meeting ganz genau

aufpassen. Mist. Man hätte sich besser vorbereiten sollen. Worüber sprechen die beiden Herren, die ich vorher noch nicht kennengelernt habe und die sich auch nicht vorgestellt haben, eigentlich genau? Was war denn der genaue Diskussionsstand vom letzten Jour fixe? Warum habe ich das letzte Protokoll nicht gelesen? Oder konnte das letzte Protokoll aufgrund des Tagesgeschäfts oder wegen eines wichtigen Kundentermins mit Aussicht auf einen großen Vertragsabschluss noch gar nicht fertig gestellt werden?

Eine wirklich undankbare Aufgabe. Sie müssen also ganz fleißig Notizen machen, den Diskussionen folgen, möglichst sinnvolle eigene Redebeiträge liefern. Nach dem Meeting fangen Sie an das Protokoll zu schreiben... und der Ärger beginnt. Wer waren denn alle Ihnen unbekannten Teilnehmer? Im Protokoll versucht man eine irgendwie geartete Struktur in so manches unstrukturierte Meeting zu bekommen. Wenn das Protokoll endlich fertig ist, können Sie es an die Teilnehmer zur Freigabe versenden. Was passiert dann? Hier gibt es verschiedene Möglichkeiten:

a) Herr Meier sendet eine Rückmeldung, passt dabei seine Aussage an und verdreht dabei aber den Sinn seiner im Meeting gesagten Worte um 180 Grad.

b) Herr Schmidt verwässert seine eigentlich im Meeting getroffene Entscheidung und rät noch einmal die Meinung von Frau Schulze einzuholen, die ja leider nicht am Meeting teilnehmen konnte.

c) Herr Schneider passt die Aussage von Herrn Müller an und schiebt ihm damit eine eigene Aufgabe zu.

d) Niemand meldet sich nach dem Protokollversand.

In den Fällen a) bis c) sind Ihnen viele Abstimmungsrunden garantiert bei denen Sie aufpassen müssen nicht in das politische Getriebe zweier Abteilungen oder anderer Parteien zu geraten. In Fall d) können Sie nur hoffen, dass die nicht erfolgte Rückmeldung so viel heißt, wie "Toll, das Protokoll haben Sie großartig geschrieben. Alle Aussagen sind perfekt wiedergegeben und wir stimmen alle damit überein." Im wahren Leben tritt dieser Fall aber so gut wie nie ein. Erhalten Sie keine Rückmeldung, heißt dies häufig nur, dass den Protokollentwurf niemand gelesen hat und die erste Hälfte des Folgemeetings damit zugebracht wird dieses Protokoll zu besprechen. Dies hat aber den Vorteil, dass das Protokoll des Folgemeetings einer Ihrer Kolleginnen und Kollegen schreiben muss. Sie sind dann aus dem Schneider.

Ist das effizient? Nein! Muss das so ablaufen? Nein!

Wie wäre es, wenn alle gemeinsam im Meeting die wichtigsten Aussagen, Aufgaben und Entscheidungen protokollieren? Eine Wunschvorstellung, die zusätzlich noch sehr viel Arbeit spart und die Effizienz um einige Faktoren steigern kann.

Öffnen Sie doch einfach zu Beginn des Meetings die zum Termin gehörende Seite im Editiermodus. Wenn nun Entscheidungen getroffen werden, so können Sie diese direkt dort auf der Seite festhalten. Dank der in Confluence integrierten Aufgabenverwaltung ist auch das Festhalten bzw. Vergeben einzelner Aufgaben ganz einfach.

Hätte ich das etwa erledigen sollen?

Zu dieser Überschrift fällt mir mein persönliches Meeting-Highlight ein: Mit ca. 20 Personen fand ein recht großes Meeting statt. Der Kollege, der zum Meeting eingeladen hatte, begann recht ausschweifend zu erklären, worum es in diesem Meeting gehen sollte. Er setzte den Titel der Einladung in einen großen Zusammenhang zum aktuellen Reorganisationsprogramm und sagte dann den folgenden Satz: "Herr Schmidt, Sie haben ja vor fünf Monaten durch den Beschluss des Vorstands die Aufgabe bekommen mit Ihrem Team ein Konzept zur ... zu entwickeln. Da der Zieltermin ja nur noch drei Wochen entfernt ist, wäre es jetzt an der Zeit uns die Grundgedanken Ihres Konzeptes mit dieser enormen Tragweite zu präsentieren. Bitte. Der Beamer gehört Ihnen." In diesem Moment entgleisten Herrn Schmidt alle Gesichtszüge und auf seinem Gesicht stand für jeden Folgendes klar und deutlich zu lesen:

Als alter Meetingprofi ließ sich Herr Schmidt aber nichts (so dachte er zumindest) anmerken und sagte "Bezüglich dieses Konzepts sind wir mehr als gut unterwegs. Da haben wir bereits reichlich Fahrt aufgenommen..." Dieser Satz gehörte lange zu den geflügelten Worten in diversen Projekten und sorgte noch Jahre später für ungewöhnliche Heiterkeit ;-)

Es herrschte betretenes Schweigen. In diesem Moment erhoben sich die ersten Kollegen und verließen ohne weitere Worte den Meetingraum. Allen war klar, dass Herr Schmidt keinen Gedanken in dieses Konzept investiert hatte.

Das muss nicht sein! Wie wäre es, wenn man in Meetings verbindlich Aufgaben festlegt und diese inklusive eines Zieldatums an bestimmte Teilnehmer vergibt?

Confluence bietet eine tolle und vor allem sehr einfache Möglichkeit Aufgaben zu vergeben, zu empfangen und zu verwalten. Wenn Sie eine Seite im Wiki bearbeiten, so genügt folgende Eingabe, um Herrn Wiesenthal eine Aufgabe zuzuweisen:

- [] (eckige Klammern) oder klicken auf das Icon für die Aufgabenliste
- @ gefolgt vom Namen desjenigen, dem Sie eine Aufgabe zuweisen möchten
- kurze Beschreibung der Aufgabe
- // öffnet einen kleinen Kalender, in dem Sie per Mausklick das Fälligkeitsdatum auswählen können

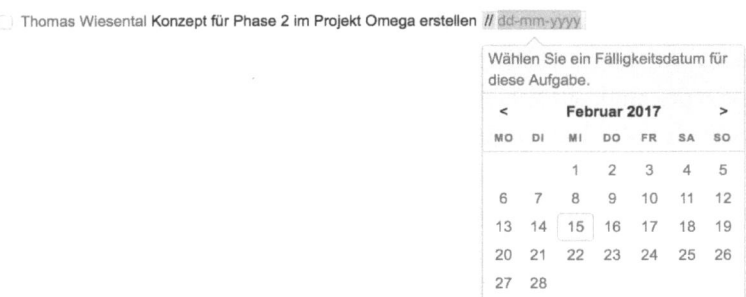

In Ihrem Profil unter dem Menüpunkt "Aufgaben" finden Sie die von Ihnen vergebenen und die Ihnen zugeteilten Aufgaben in einer Übersicht, so dass Sie jederzeit den Überblick behalten.

Nutzen Sie jedoch diese einfache Möglichkeit zur Zuweisung von Aufgaben in Confluence nicht dazu Ihren Kollegen einfach ohne Rücksprache Aufgaben zu schicken. Besonders bei noch nicht so geübten Wiki-Nutzern kann dies schnell zu Verstimmungen führen. Sprechen Sie einfach offen an, wie Sie in Ihrem Team oder Unternehmen diese Funktion nutzen möchten. Dann wird auch diese Funktion schnell mehr als nützliches Werkzeug, denn als Arbeitsverteilungs- und Überwachungswerkzeug wahrgenommen.

Der Herr Vorstand wünscht...

Es ist nicht selten, dass in Unternehmen der folgende Satz zu hören ist. "Der Herr Vorstand wünscht, dass Aufgabe XYZ schnellstmöglich erledigt wird." Bis heute ist leider sehr selten überliefert worden, ob der Herr Vorstand von der Existenz dieser Aufgabe XYZ auch nur irgendeine Kenntnis hat. Ich erlebte einmal in einer Mitarbeiterversammlung, dass ein Mitarbeiter das Wort ergriff und folgende Frage direkt an den Vorstandsvorsitzenden richtete: "Lieber Herr Mayer, viele unserer Überstunden wurden in den letzten Monaten sehr häufig damit begründet, dass unser Projekt ABC Ihnen sehr am Herzen liegt und dieses Projekt Ihre persönliche Priorität Nr.1 genießt. Stimmt das?". In diesem Moment schaute der Vorstandsvorsitzende mit einem vielsagenden Blick zu seinem persönlichen Assistenten und sagte dann in etwa Folgendes: "Derzeit teilen sich über 100 Projekte meine Aufmerksamkeit, deshalb kann ich Ihnen nicht direkt hierzu etwas sagen. Wie hieß das Projekt doch gleich? BCA?"

Es war bestimmt nicht das erste und auch nicht das letzte Mal, dass gezielt Gerüchte über die persönlichen Wünsche eines Geschäftsführers in die Welt gesetzt werden, um seinen eigenen persönlichen Zielen Nachdruck zu verleihen.

Wie wäre es, wenn Entscheidungen der Führungsetage nicht nur von Hierarchiestufe zu Hierarchiestufe bis "hinunter" zu den Mitarbeitern gesendet würden? Wie wäre es, wenn die oft ganz klar formulierten Entscheidungen dabei nicht von den Partikularinteressen einzelner, wie beim Kinderspiel "Stille Post", mehr und mehr verfälscht würden? Wie wäre es, wenn jede Entscheidung im Unternehmen vollkommen transparent und für jeden (wenn möglich) sicht- und kommentierbar festgehalten würde? Wie wäre es, wenn dies nicht nur Entscheidungen der Geschäftsführung betreffen würde, sondern jede Entscheidung im Unternehmen, bis hin zu Entscheidungen eines Teamleiters mit lediglich drei Teammitgliedern?

Sicherlich ist dies eine Frage der jeweiligen Firmenkultur, zu der schlussendlich jeder Mitarbeiter beiträgt.

Confluence unterstützt diese Art der Firmenkultur durch eine Seitenvorlage, die sich "Entscheidung" nennt.

Entscheidung
Zeichnen Sie wichtige Projektentscheidungen auf und teilen Sie sie Ihrem Team mit.

Wer hat das entschieden? Ich, gestern um 15:12 Uhr!

Ich erinnere mich noch genau, wie ich in Confluence innerhalb eines Projektes zum ersten Mal die Seitenvorlage "Entscheidung" verwendet habe. Als Projektleiter war ich mir meiner wohl durchdachten Entscheidung wirklich sehr sicher. Trotzdem beschlich mich zu diesem Zeitpunkt ein ungutes Gefühl verbunden mit diesen Fragen:

- Sieht jetzt jeder im Projekt, dass ich diese Entscheidung getroffen habe?
- Kann es sein, dass mir diese Transparenz nicht nur Freunde einbringt?
- Wieso beschleicht mich so ein ungutes Gefühl, obwohl

ich mir bei dieser Entscheidung doch so sicher bin?

Ich füllte die folgenden Felder der Seitenvorlage "Entscheidung" aus:

Entscheidung verfolgen

		Informationen zu Entscheidungen
Status	Nicht gestartet	Treffen Sie wichtige Entscheidungen zu Projektumfang, Planänderungen usw. in Zusammenarbeit mit allen Beteiligten. Teilen und verfolgen Sie die Entscheidungen Ihres Teams in einem zentralen Register.
Entscheidung*	Was müssen Sie entscheiden?	
Besitzer	Thomas Wiesental ×	
Beteiligte	Wer muss bei dieser Entscheidung helfen?	
Fälligkeitsdatum		
Hintergrund	Welche Einzelheiten sind für diese Entscheidung wichtig?	

Zurück **Erstellen** Schließen

Als ich dann das erste "Gefällt mir" auf der Entscheidungsseite erhielt, war ich von dieser schnellen und sehr direkten Art der Rückmeldung überrascht und auch begeistert. Seitdem nutze ich diese Funktion regelmäßig auch bei noch so kleinen Entscheidungen, denn sie sorgt nicht nur für Transparenz, sondern ermöglicht auch noch Monate später genau zu wissen, warum man damals gerade diesen Weg im Projekt eingeschlagen hat.

Ach, du bist auch bei diesem Projekt dabei!

Gerade bei örtlich verteilten Teams in virtuellen Projekten kann es eine deutliche Erleichterung sein zum Projektbeginn eine Seite zu eröffnen, die alle Mitglieder des Projektteams inklusive ihrer Aufgaben und Kontaktdaten enthält.

Wenn Sie zur Verlinkung der Projektmitglieder das Macro "Benutzerprofil" verwenden, wird jedes Teammitglied gleich mit dem hinterlegten Profilbild und den aktuellen Kontaktdaten angezeigt.

Thomas Wiesental
thomas.wiesental@unternehmen-ag.de

Telefon: +49 1234 5678
Website: http://www.unternehmen-ag.de
Position: Leiter Kundenprozesse
Ort: Bochum

Hast du noch das Protokoll vom letzten Monat?

Haben Sie auch oft die Situation erlebt, dass es in einem Meeting zu einer "Patt-Situation" kam, weil zwei Beteiligte einen bestimmten Vorgang gegensätzlich in Erinnerung hatten? Die Beteiligten behaupten dann, dass sie Recht hätten und diese Entscheidung ja im damaligen Protokoll festgehalten wurde. Da man innerhalb des Meetings dann meistens keinen Zugriff auf dieses Protokoll hat, wird die weitere Diskussion dann gerne auf den nächsten Regeltermin vertagt. Dies muss aber nicht so ablaufen.

Wie schon in den vorangegangenen Kapiteln beschrieben, ist es mit Confluence sehr einfach eine Seite für einen Termin inklusive der offenen Punkte und der Agenda anzulegen. Im Meeting kann man dann direkt diese Seite öffnen und z.B. die dort eingebetteten Präsentationen verwenden. Wenn Entscheidungen getroffen werden, so können Sie diese direkt auf der Meetingseite protokollieren. Offene Aufgaben des letzten Meetings können Sie zu Meetingbeginn gleich besprechen und eventuell "abhaken". Vergeben Sie neue Aufgaben innerhalb des Teams, so können Sie diese auf der Meetingseite einfügen. So erhalten Sie von jedem Meeting eine Seite, die alle meetingrelevanten Informationen zusammenfasst. Sollte es in einem späteren Termin zu einer "Patt-Situation" kommen, so ist es ein Leichtes, die in Confluence integrierte Suche zu verwenden, um das gesuchte Protokoll schnell zu finden.

Sorgen Sie für ein Commitment bei den KPIs, aber ASAP!

Erinnern Sie sich noch an Ihre ersten Wochen bei Ihrem aktuellen Arbeitgeber? Haben Sie mitgezählt, wie viele Abkürzungen[4] in den Meetings im ersten Monat verwendet wurden, die Ihnen nichts sagten?

Ich erinnere mich hier gerne an eines meiner ersten Teammeetings bei einem Kunden aus der Telekommunikationsbranche bei dem die ungewöhnliche Abkürzung SUPP verwendet wurde. Auf meine Nachfrage, was das sei, wurde mir mit bösem Blick erklärt, dass das hier nun wirklich jeder wisse, da es sich hierbei um die wichtigsten drei Produkte des Hauptlieferanten handele. Als wir einige Wochen später ein Meeting mit eben diesem Lieferanten hatten und der Vertriebschef plötzlich fragte, was denn bitte SUPP wäre, war mit die Bedeutung eines Glossars schlagartig klar.

Können Sie sich auch noch an die Abkürzungen erinnern, die Sie am Anfang dachten zu verstehen, die sich im Nachhinein aber als Missverständnis entpuppten?

Mein diesbezügliches Highlight erlebte ich mit einer bei einem meiner Kunden eingesetzten Softwarelösung, die den ungewöhnlichen Namen eines Helden einer sehr bekannten Fernsehserie der 80er Jahre trug. Als ich Monate später den Geschäftsführer dieser Firma kennenlernte und ihn auf die Softwarelösung ansprach, schaute er mich nur ungläubig mit großen Augen an und sagte "Wir bieten keine Software mit diesem Namen an." Das Missverständnis klärte sich dann recht schnell auf und war "eigentlich" recht einfach: Der Softwarelieferant hatte seine Firma nach dem Titel der Fernsehserie aus den 80ern benannt. Die Mitarbeiter meines Kunden fanden den Produktnamen der Software nicht passend und nannten diese Software ab da wie einen der Hauptdarsteller der Serie und verwendeten den Namen überall, von Handbüchern, zugehörigen Dokumenten, bis hin zum Starticon auf den Bildschirmen der Mitarbeiter.

Wie Sie sehen, ist es mit Abkürzungen und kreativen Namensgebungen nicht immer einfach. Kommt man neu in ein Unternehmen, so lernt man viele Abkürzungen in kurzer Zeit und arbeitet damit. Was glauben Sie? Wie ist die Bilanz? Wird mehr Energie durch die Verwendung von Abkürzungen gespart, als durch Herausfinden von Bedeutungen und das Klären von Missverständnissen aufgrund von Abkürzungen verschwendet?

Ich empfehle Ihnen ein unternehmens-, abteilungs- oder projekt-weites Glossar Ihrer häufig verwendeten Abkürzungen aufzubauen. Es ist wirklich nicht schwierig. Erstellen Sie dazu einfach eine Seite z.B. im Hilfebereich und erstellen Sie dort eine Tabelle mit den Abkürzungen und ihren Bedeutungen. Ohne Unternehmens-Wiki scheitert so ein Unterfangen häufig daran, dass dieses Glossar in einer Datei auf einem Laufwerk gepflegt wird, auf das nicht immer jeder schreibenden Zugriff hat.

Hier folgen nun ein paar Tipps...

2.4 ... die einfach motivieren

Wie geht es Ihnen in Ihrer täglichen Arbeit? Sie haben doch auch bestimmt Arbeiten, die Sie gerne erledigen und welche, die sie möglichst lange vor sich herschieben oder am besten zu delegieren versuchen, oder?

Das geht wahrscheinlich jedem von uns so. Das Faszinierende an dieser Erkenntnis ist, dass uns Arbeiten, die Spaß machen, häufig viel einfacher von der Hand gehen.

Es gibt verschiedene Gründe, warum uns die Bearbeitung einer Aufgabe Spaß machen kann:

- Die Aufgabe an sich liegt uns einfach.
- Die Arbeitsatmosphäre an diesem Tag war einfach toll.
- Die Aufgabe konnte reibungslos und ohne Unterbrechung von Anfang bis Ende erledigt werden.
- Man sieht als Ergebnis, was man am Ende des Arbeitstages erledigt hat.
- usw.

Probieren Sie doch einfach mal einige der folgenden Tipps mit Hilfe Ihres Wikis aus. Vielleicht schlagen Sie so zwei Fliegen mit einer Klappe und erreichen so positive Effekte für Ihre Arbeit, wie z.B. die Verbesserung der Kommunikation und Zusammenarbeit und haben auch noch Spaß dabei.

Versuchen Sie sich als Autorenteam!

Eine Möglichkeit, um einem neuen Projektteam oder einem Team von Testern die Möglichkeiten zur praxisnahen Zusammenarbeit mit Hilfe Ihres Wikis zu zeigen, ist das Aufsetzen einer Fortsetzungsgeschichte. Dazu eröffnen Sie eine Seite und erklären in einer Spalte auf der linken Seite, dass es sich hier um eine Fortsetzungsgeschichte handelt, an der jeder freiwillig mitschreiben kann.

Über die breitere Spalte auf der rechten Seite schreiben Sie dann als Überschrift "Fortsetzungsgeschichte" gefolgt von einem der folgenden Anfänge:

- Michael saß in seinem Garten und dachte darüber nach, wohin er im nächsten Jahr in Urlaub fahren sollte, nach Italien, oder nach ...
- Thomas war im Urlaub auf Ibiza, lag am Strand, hörte im Hintergrund leise Loungemusik und dachte über die Zukunft seines Unternehmens nach. Er fing an sich die *Unternehmen AG* im Jahr 2030 vorzustellen ohne sich dabei von irgendwelchen Hindernissen einschränken zu lassen. Sein Traum-Unternehmen im Jahr 2030 würde sich hauptsächlich durch diese Eigenschaften auszeichnen...
- Gabriele legte ihren Spionageroman zur Seite, lehnte sich zurück und schloss ihre Augen. Sie versetzte sich in die Haut eines Wirtschaftsspions, der von der Konkurrenz beauftragt wurde, um ihrem Unternehmen zu schaden. In

Gedanken ging sie verschiedene Möglichkeiten durch, wie dieser z.B.

- unbemerkt in das Gebäude der Zentrale gelangen konnte
- sich nur mit Hilfe eines Telefons Zugang zu Informationen aus dem Buchungssystem verschaffen konnte
- ...

So eine Fortsetzungsgeschichte hat gleich mehrere Vorteile:

- Die Mitarbeiter gewöhnen sich daran, wie einfach es ist an einem Dokument gemeinsam zu arbeiten. Denn es muss ja nicht immer eine Fortsetzungsgeschichte sein, sondern es kann sich ja auch um ein gemeinsam erarbeitetes Konzept handeln.
- Das abteilungsübergreifende Nachdenken über ein Thema führt oft zu ungewöhnlichen Lösungsansätzen zur Erhöhung der Informationssicherheit, zu kreativen Ideen für neue Produkte oder eine Fokussierung auf bis jetzt noch nicht bedachte Vertriebswege.
- Es macht einfach Spaß.

Unter die Fortsetzungsgeschichte können Sie das Macro "Beitragende" einfügen, so dass man immer direkt auf den ersten Blick sehen kann, wer wie oft an dieser Geschichte geschrieben hat. Dies stachelt häufig den Spieltrieb an und veranlasst die Kollegen zum weiteren Ergänzen.

Beitragende
Zeigt eine Zusammenfassung der
Bearbeiter einer Seite, ihrer
Hierarchie, ausgewählter Bereiche,
oder Beobachter dieser Seiten.

Wo ist denn nun die Schwarmintelligenz?

Kennen Sie das Buch "*Schwarmdumm: So blöd sind wir nur gemeinsam*" (ISBN: 978-3593502175) von Prof. Dr. Gunter Dueck? Spätestens nachdem Sie dieses Buch gelesen haben, ist Ihnen klar, dass nicht immer alles automatisch besser wird, wenn es mehrere Leute zusammen erarbeiten. Aber es gibt durchaus Möglichkeiten gemeinsam tolle Konzepte, Produkte und Ideen zu entwickeln. Pflanzen Sie doch einfach mal gelegentlich im Unternehmens-Wiki Kristallisationskeime für neue Ideen.

Wie wäre es z.B., wenn in Ihrem Unternehmen der Geschäftsführer in einem Blogbeitrag Folgendes schreibt:

Liebe Mitarbeiterinnen, liebe Mitarbeiter,

ich denke derzeit viel über die Zukunft unseres Unternehmens nach. Mich bewegen dabei Fragen, wie z.B. die folgenden:

- *Welche Probleme unserer Kunden werden wir mit unseren Produkten in zehn Jahren lösen?*
- *Wie können wir uns aus reiner Kundenperspektive mit unserem Dienstleistungsangebot vom Wettbewerb nachhaltig abgrenzen?*
- *Was würden Sie an unserem Nr.1-Produkt XYZ noch verbessern, wenn Sie ein unbegrenztes Budget*

hätten?

Zu diesen Fragen habe ich jeweils eine Seite im Wiki angelegt und dort meine ersten Gedanken notiert. Ich freue mich auf Ihre Meinung, Anmerkungen, Anregungen, Ideen, Verbesserungsvorschläge und Kritik.

Ich wünsche Ihnen noch einen schönen Tag und verbleibe mit herzlichen Grüßen aus der Zentrale

Ihr Thomas Mayer

Mitarbeiter können sich durch so einen konkreten Anstoß angespornt fühlen über den Tellerrand der eigenen Abteilung zu blicken und über zukünftige Entwicklungen nachzudenken.

Einfach mal den Kollegen zuwinken!

Wenn ein Bild mehr als 1.000 Worte sagt, was sagt dann erst ein Video? Binden Sie doch gelegentlich Videos ins Intranet ein. Wenn Sie externe Videohosting-Anbieter verwenden, werden die Videos je nach vorhandener Bandbreite auch in entsprechend skalierten Bildqualitäten ausgeliefert.

Das Video können Sie ganz einfach durch Verwendung des Makros "Widget Connector" in jede Seite einbinden.

Widget Connector
Fügen Sie YouTube Videos, Flickr Diashows, Twitter-Streams, Google Dokumente und andere Inhalte in die Seite ein.

Huch, das bewegt sich ja!

Wenn man sich die Auflagenhöhe der Romane und die Anzahl der Kinobesucher ansieht, die sich von den Geschichten des englischen Zauberlehrlings begeistern ließen, so wird schnell klar, welche Faszination von der dort beschriebenen Welt ausgeht.

Erinnern Sie sich an die Tageszeitungen im Film, die bewegte Bilder enthielten? Sorgen Sie doch auch einmal für Erheiterung bei Ihren Kolleginnen und Kollegen. Erstellen Sie eine animierte Bilddatei (animiertes GIF), welche nicht sofort seine bewegten Elemente zeigt, sondern erst nach einigen Sekunden. Binden Sie dieses Bild, welches auf den ersten Blick aussieht wie ein normales Standbild, auf einer Seite ein und überraschen Sie Ihre Kollegen. Natürlich sollten Sie dabei darauf achten, dass sich dieser

Effekt nicht zu sehr abnutzt. Gerade beim Start eines neuen Unternehmens-Wikis sorgt er aber immer für ein Highlight und jede Menge Gesprächsstoff... sozusagen als Futter für den Flur-funk.

Übrigens: Mit diesen leicht animierten Bilddateien meine ich explizit nicht die wild blinkenden animierten GIFs, die in den Anfängen des Internets viele Seiten "geziert" haben.

Machen Sie Ihr Wiki zum Lieblingswerkzeug!

Sorgen Sie dafür, dass es das erste ist, was Ihre Kollegen morgens im Büro öffnen. Der erste Blick sollte ins Social Intranet gehen, ob es Mentions (Erwähnungen des eigenen Namens; einfach Eingeben eines "@" gefolgt vom Name des zu verlinkenden Kollegen) gab, ob bestimmte Themen aktualisiert wurden oder ob es einfach interessante neue Informationen gibt.

Sorgen Sie dafür, dass Ihr Wiki einfach nützlich ist. Dort sollten Ihre Mitarbeiter und Kollegen einfach alle Informationen finden, die sie für ihre tägliche Arbeit benötigen.

Hier einige Beispiele:
- Übersicht von Zuständigkeiten
- Richtlinien
- Formulare
- Kantinenplan
- stets aktuelle Kontaktdaten der Kolleginnen und Kollegen
- wichtige Internetlinks

Der letzte Blick Ihrer Kollegen im Büro kann natürlich ebenfalls ins Wiki gehen. Schnell noch einen Kommentar hinterlassen und dann ab nach Hause.

Blind Date beim Mittagessen!

Unterstützen Sie den Flurfunk 3.0 (siehe "*FLURFUNK 3.0 - Ihr Erfolgsgeheimnis dauerhafter Kundenbindung*" (ISBN 978-3-7386-3988-9)) mit allen Kräften. Fördern Sie jeden Kontakt zwischen Kollegen über (Tochter-)Unternehmens- oder Abteilungsgrenzen hinweg.

Legen Sie doch in Ihrem Unternehmens-Wiki eine Seite (pro Unternehmensstandort) an, auf der sich Ihre Mitarbeiter zum gemeinsamen Mittagessen verabreden können. Dies können Sie z.B. ganz einfach mit dem Add-on "Microblogging for Confluence" aus dem Atlassian Marketplace umsetzen. Was spricht dagegen dort am Vormittag die folgenden Nachrichten einzustellen:

- Hallo, ich bin der Markus aus der Buchhaltung und gehe heute um 12:30 Uhr zu "Don Giovanni" am Marktplatz. Wer möchte sich mir anschließen?
- Wer fotografiert in seiner Freizeit auch gerne in Urbex-Locations[5] und möchte sich über dieses spannende Thema beim Mittagessen in der Kantine von 12:00 bis 13:00 Uhr austauschen?

Sicherlich ist es immer wieder interessant neue Kollegen oder Kolleginnen kennenzulernen:

- man lernt die täglichen Aufgaben des Essenspartners

kennen,

- versteht möglicherweise besser die Zusammenhänge zwischen nicht direkt zusammenarbeitenden Abteilungen,
- lernt Ansprechpartner im Unternehmen zu den unterschiedlichsten Themen kennen,
- hat ein nettes Mittagessen und
- findet eventuell sogar Freunde für's Leben... man weiß ja nie. ;-)

Kapitel 3

Ein Social Intranet 2.0: eine sehr gute Idee!

Hat dieses Buch Sie bereits dazu veranlasst sich nun noch mehr mit dem Thema Social Intranet 2.0 auf Basis eines Unternehmens-Wiki zu beschäftigen? Oder sind Sie nun sogar zu dem Entschluss gekommen, dass so ein System auch für Ihre Firma ein Gewinn sein kann?

Wenn ja, dann kann ich Sie zu dieser Entscheidung nur beglückwünschen.

HERZLICHEN GLÜCKWUNSCH!

Die Einführung eines Unternehmens-Wikis kann eine sehr gute Idee sein, um Abteilungs- oder sogar Unternehmensgrenzen zwischen Tochterunternehmen aufzuweichen. Zwar ersetzt ein Wiki keine persönliche Kommunikation in Form von Meetings, einem kurzen Gespräch in der Kaffeeküche oder in der Kantine, aber es ist inzwischen eine praxistaugliche Möglichkeit die Miteinander-Kommunikation und die Zusammenarbeit innerhalb von Unternehmen deutlich zu verbessern.

Was man bei aller Begeisterung für ein Unternehmens-Wiki aber nie vergessen sollte: Ein Wiki ist kein Selbstzweck. Rufen wir uns doch noch einmal ein paar Gründe in Erinnerung, warum es überhaupt Unternehmen gibt:

- Unternehmen beschäftigen Mitarbeiter.
- Die Mitarbeiter entwickeln Produkte und Dienstleistungen.
- Die Kunden des Unternehmens kaufen diese Produkte und Dienstleistungen.
- Mit dem Verkauf der Produkte werden nicht nur die Kunden zufriedengestellt, sondern auch Einnahmen erzielt. Diese Einnahmen sichern die Arbeitsplätze und ermöglichen dem Unternehmen die Entwicklung bzw. Verbesserung der bestehenden Produktportfolios.
- Mit Hilfe der neuen Produkte und Dienstleistungen können neue Kunden gewonnen und bereits bestehende zu Stammkunden weiterentwickelt werden.

Alles, was diesen Kreislauf unterstützt, wie die Verbesserung der

Miteinander-Kommunikation und der transparenten Zusammenarbeit, kann direkt zur Verbesserung aller internen Prozesse beitragen. Jede Verbesserung eines internen Prozesses bekommt früher oder später auch "der Kunde" zu spüren. Dies führt langfristig zu:

- verbesserten Produkten und Dienstleistungen
- einfacheren Möglichkeiten diese Produkte zu kaufen und zu nutzen
- Erhöhung der Kundenzufriedenheit und Verbesserung der Kundenbindung
- einer langfristigen Abgrenzung vom Wettbewerb und somit einer Sicherung von Arbeitsplätzen

...und wenn doch mal etwas schief läuft, so ist es dank der verbesserten Mitarbeiter-Kommunikation zwischen den Mitarbeitern besser möglich eine schnelle Lösung im Sinne der Kunden zu finden.

Kapitel 4

Zu guter Letzt

4.1 Ihre Meinung interessiert mich

Ich hoffe, dass Sie viel Spaß beim Lesen dieses Buchs hatten und einige Anregungen mitnehmen, die Sie direkt in Ihrem Arbeitsalltag umsetzen.

Ich würde mich sehr freuen, wenn Sie mir Ihre Meinung zu diesem Buch mitteilen und mir von Ihren Erfahrungen mit Ihrem Social Intranet 2.0 berichten würden.

Und natürlich würde ich mich ebenfalls freuen, wenn ich auch Sie als Berater, Redner oder Sparringspartner unterstützen könnte:

z.B. bei der Verbesserung Ihrer Kundenprozesse oder auch bei der Einführung eines Unternehmens-Wikis, von der herstellerneutralen Durchführung einer Ausschreibung bis hin zum Projektmanagement bei der Einführung.

Kontakt
www.Ihre-Kundenbrille.de
Ich-bin@Ihre-Kundenbrille.de

4.2 Über den Autor

Als Berater, Redner und Sparringspartner unterstützt Dr. Oliver Ratajczak Unternehmen dabei mehr Interessenten, mehr Kunden und mehr Stammkunden zu gewinnen.

Als Berater unterstützt er bei allen Optimierungen entlang des Kundenlebenslauf:

- als Projektleiter mit mehr als 16 Jahren internationaler Projektleitungserfahrung
- als Ideengeber mit Best-Practice-Know-how und dem notwendigen Blick über den Tellerrand
- als Kommunikationskatalysator zur Verbesserung der internen Kommunikation

Als Redner versetzt er das Publikum zum Beispiel im Rahmen einer internen Tagung in die Lage die Kundenprozesse aus neuer Perspektive "mit Blick durch die Kundenbrille" zu betrachten. Beispiele aus der Praxis rund um die Themen Kundenbindung, CRM, Marketing, Vertrieb und Kommunikation veranschaulichen Stolpersteine und regen dazu an unternehmenseigene Vorgehensweisen und Verhaltensroutinen zu überdenken.

Als wettbewerbsfreier Sparringspartner steht Dr. Oliver Ratajczak ausschließlich einer Person pro Branche zur Verfügung:

- Er hilft Ihnen beim Denken - von der ersten Idee bis zum Feinschliff am fertigen Konzept.
- Dr. Ratajczak spiegelt Ihre Konzepte mit den Best-Prac-

tice-Erfahrungen anderer Branchen.
- Er bringt Ihre Ideen in eine managementgerechte Form.

4.3 Kostenlose Denkanstöße

Ihre Kundenprozesse sind die Wege zu Ihren Geldgebern - Ihren Kunden. Nutzen Sie deshalb jede Gelegenheit um Ihre Kundenprozesse zu verbessern!

Jede Verbesserung Ihrer Kundenprozesse sorgt für:

- **mehr Interessenten:** Machen Sie mehr Interessenten auf Ihr Angebot aufmerksam. So gewinnen Sie weitere potentielle Kunden für Ihre Produkte bzw. Dienstleistungen.
- **mehr Kunden, mehr Umsatz:** Optimieren Sie Ihre Verkaufsprozesse. So wird ein größerer Anteil Ihrer Interessenten Ihre Produkte bzw. Dienstleistungen kaufen. Ihr Umsatz steigt mit der ansteigenden Kundenzahl.
- **mehr Stammkunden, mehr Gewinn:** Sorgen Sie dafür, dass sich Ihre Kunden bei Ihnen und mit Ihren Produkten wohl fühlen. So bauen Sie langfristige Kundenbeziehungen auf und steigern ganz nebenbei Ihren Gewinn durch verringerte Marketing- und Vertriebskosten.

Gerne unterstütze ich Sie hierbei kostenlos mit kleinen Denkanstößen und Praxis-Tipps per E-Mail.

Besuchen Sie dazu einfach die folgende Webseite, tragen dort Ihre E-Mail-Adresse ein und schon bald liegt der erste kostenlose Denkanstoß in Ihrem Postfach:

www.Ihre-Kundenbrille.de/denkanstoss

4.4 Fußnoten

1) Zusammenarbeit wird neudeutsch oft auch als Kollaboration bezeichnet. www.duden.de definiert das Wort Kollaboration wie folgt: gegen die Interessen des eigenen Landes gerichtete Zusammenarbeit mit dem Kriegsgegner. Ich verwende deshalb lieber das wertneutrale Wort Zusammenarbeit.

2) https://marketplace.atlassian.com/home/confluence

3) Räume werden in der englischsprachigen Confluence-Version "Spaces" genannt. In der deutschen Übersetzung werden sie als Bereiche bezeichnet. Dies führt aber in Diskussionen häufig zu Verwechslungen mit Seitenbereichen im Layout und Bereichen in einer Organisationsstruktur. In der Praxis hat es sich als vorteilhaft erwiesen, wenn die Spaces als Räume bezeichnet werden. Einerseits verhindert dies in Gesprächen Verwechslungen und andererseits ist das Bild eines offenen oder abgeschlossenen Raums ein ganz gutes Beispiel für einen (Daten-)raum.

4) Der Titelsatz in bestem Beratersprech bedeutet übrigens "Sorgen Sie für eine allgemeine Zustimmung zu den Kennzahlen (Key Performance Indicators), aber schnellstmöglich (As Soon As Possible)."

5) Urbex steht für "urban exploration" und beschäftigt sich damit alte, verfallene Orte und Gebäude zu besichtigen und zu fotografieren.

4.5 Bildnachweis

Eigene Darstellungen unter Verwendung von Icons, Symbolen

und Screenshots:

© spiral media / Fotolia.com

© mistervectors / Fotolia.com

© 31moonlight31 / Fotolia.com

© miloje / Fotolia.com

© sester1848 / Fotolia.com

© Do Ra / Fotolia.com

© mrswilkins / Fotolia.com

© Atlassian Confluence®

8.5 Stichwortverzeichnis

Platz für Ihre Notizen

Platz für Ihre Notizen

Platz für Ihre Notizen